AF242636

LES ÉVENEMENTS D'AVRIL 1834

ET MONSIEUR

RANVIER DE BELLEGARDE

JUGE AU TRIBUNAL DE LYON

LYON — IMPRIMERIE PITRAT AINÉ, RUE GENTIL, 4.

LES ÉVÉNEMENTS D'AVRIL 1834

ET MONSIEUR

RANVIER DE BELLEGARDE

JUGE AU TRIBUNAL DE LYON

LYON

LIBRAIRIE DE P. N. JOSSERAND, ÉDITEUR

PLACE BELLECOUR, 3

1870

BELLEGARDE

Bellegarde n'est pas seulement remarquable par la ri
chesse de ses productions, par la beauté exceptionnelle de
son site, devant lequel se déroule majestueusement la vaste
plaine du Forez, mais il l'est surtout par l'esprit droit, con-
ciliant et religieux qui forme le fond du caractère de ses
habitants.

Indépendamment du zèle des pasteurs qui l'ont dirigée,
ce qui a puissamment contribué à maintenir dans cette paroisse les principes d'ordre, de justice, de piété, qui la
distinguent, ce sont des hommes d'un rare mérite et d'une
vertu plus rare encore, mais dont le rang s'éclaircit de plus
en plus.

Deux des plus distingués d'entre eux, et dont le souvenir est toujours vivant, M. Philipon, chevalier de la Lé-
gion d'honneur, et M. Blanc, simultanément l'un comme
maire et l'autre comme adjoint, administrateurs de la commune pendant cinquante ans, ont été, il y a quelques
années, enlevés à notre affection. En disparaissant, ils
emportaient dans la tombe la vénération de tous ceux qui

les ont connus et pratiqués ; ils laissaient après eux un vide qui se serait bien plus fait sentir encore si leurs enfants n'avaient été là, empressés à retracer leurs vertus... Depuis lors il semblait que la mort, moins cruelle, allait se contenter de ces deux illustres victimes, ou du moins porter ailleurs ses ravages : nous nous étions déçus. Ses coups aveugles sont venus soudain et plus terribles que jamais nous apporter le deuil, frapper notre population dans la personne d'un ancien et vertueux magistrat.

Le plus grand témoignage que l'on doit rendre à un mort, dit le plus grand historien de l'antiquité, la vraie manière dont ceux qui l'aiment peuvent lui témoigner leur piété, c'est de contempler, c'est surtout de retracer ses vertus.

Nous, qu'a aimé cet homme courageux, nous qui avons vécu dans son intimité, assisté à ses derniers moments, soutenu sa vie défaillante, et participé à ces derniers embrassements, nous nous sommes imposé le devoir de parler sur sa tombe.

Nous avons donc spontanément esquissé à grands traits cette belle figure dans une notice communiquée à plusieurs journaux. Jugée un peu longue, elle a été reproduite avec plus ou moins de fidélité ; nous la donnons ici intégralement avec des notes explicatives, trop multipliées et trop étendues peut-être, mais qu'on nous a instamment demandées comme nécessaires à l'éclaircissement de nos assertions.

Bellegarde. par Saint-Galmier, (Loire), le 19 septembre 1869.

LES ÉVÉNEMENTS D'AVRIL 1834

ET MONSIEUR

RANVIER DE BELLEGARDE

JUGE AU TRIBUNAL DE LYON

Une âme d'élite, un cœur droit et généreux vient de quitter la scène de ce monde, si tristement travaillé de nos jours par les révolutions multipliées de tous genres.

Adolphe-Jean-Marie-Marguerite Ranvier de BELLEGARDE [1] a rendu sa belle âme à Dieu le 17 septembre, dans sa quatre-vingt-unième année.

Sa verte vieillesse, qu'il devait surtout à sa sobriété exemplaire, était loin de faire pressentir sa fin et de préparer les siens à une perte si cruelle.

C'était un homme de conviction s'il en fut jamais. Dire que nul, si ce n'est Berryer, n'a porté plus haut le drapeau de l'honneur dans le domaine de la foi politique, ce

n'est que constater la vérité. Sa devise a toujours été :
Mon Dieu, mon roi et ma patrie. Aussi peut-on lui appli-
quer ce que disait naguère de notre grand orateur un
écrivain distingué : « Il y a plaisir à parler de lui. Pareil
à ces beaux fleuves qui traversent les marais sans y mê-
ler leurs eaux, il a passé à travers les bassesses et les
capitulations de son siècle sans y rien laisser de la pure
limpidité de sa vie. »

Quarante-trois ans d'exercice dans la magistrature,
huit à Villefranche et trente-cinq à Lyon, ne lui ont valu
aucun titre, même honorifique ; il disparaît sans décoration. Il était du petit nombre de ceux qui, en exposant
leur vie et sacrifiant leur avenir, voulaient suivre
Charles X dans son exil [B]. La Convention fit tomber la
tête de son père [C].

Son courage était au-dessus de toute épreuve et son
cœur ouvert à toutes les infortunes. Après les événements
de 1830, il ne voulut jamais rien accepter du nouveau
gouvernement, et plus tard, en mars 1834, il fit tout ce
qu'il put pour prévenir l'émeute et la collision sanglante de
Lyon. Pendant quinze jours il refusa, malgré les solli-
citations les plus pressantes, son concours à la politique
de Louis-Philippe [D]. En dépit de ses efforts, l'orage
éclata [E]. Ce jour-là, un agent de la force publique, le
corps tout ensanglanté, fut introduit, expirant, au sein

du tribunal en fonction. A cette vue, les assistants sont atterrés. Les deux collègues de M. de Bellegarde, tous les avocats, etc., prennent la fuite, saisis d'épouvante, à travers même la toiture du Palais ; lui seul, debout devant les inculpés, n'écoutant que son devoir, calme et résigné à tout, comme Boissy-d'Anglas, reste à son poste et sauve, par son attitude courageuse, l'honneur du tribunal.

Au milieu de cette panique générale, son énergie parvint à retenir à leur place trois des inculpés. « Que voulez-vous faire de nous ? lui dit un d'entre eux, chef de bande et vieux sergent. — Vous empêcher de tremper, de souiller vos mains dans le sang de vos frères et concitoyens; vous rendre à vos familles et à vous-mêmes. » Telle fut sa réponse. « Répondez-vous de nous ? » reprit son interpellateur. « Oui, monsieur, » s'écria-t-il d'une voix ferme qu'autorisait sa probité bien connue.

Alors, sur leur parole d'honneur de le suivre et de lui obéir, il les conduisit, sans escorte, à son domicile de la rue Vaubecour, où, durant plusieurs jours, il les nourrit et les combla d'attentions [F]. Pendant que la police s'évertuait en vain et cherchait la trace de leurs pas, lui, de son côté, s'appliquait à les défendre en secret, à obtenir leur grâce et à leur créer un moyen de subsistance. La liberté leur fut accordée [G].

Plus tard, en leur compagnie, des femmes et des enfants se présentaient devant lui et tous le saluaient du doux nom de père. C'est ainsi que, dans toutes les circonstances de sa vie, il s'est plu à donner des conseils amis, à rendre service à tous et à soulager l'infortune sans acception de personne [11]. Sa parole valait un écrit.

La religion, il la pratiquait sans respect humain, sans ostentation, avec la simplicité des premiers chrétiens. A Ainay, il ne craignait pas, le cierge à la main, de faire escorte au Saint Sacrement. A Bellegarde, depuis plus de dix ans, il se préparait d'une manière toute spéciale au grand passage de l'éternité. On le trouvait, matin et soir, la prière sur les lèvres ou occupé à de pieuses méditations. Tous les jours il s'agenouillait aux pieds des autels, le matin pour l'audition du saint Sacrifice de la messe, le soir pour remercier Dieu des bienfaits qu'il en avait reçus. Tous les mois enfin, il venait, avec la piété la plus tendre, fortifier sa foi et son amour dans le banquet sacré de l'Agneau divin. Depuis longtemps il avait dit adieu à tout ce qui est préoccupation du monde [1].

I a mort l'a trouvé ferme et résolu [J]. Pendant sa maladie, il a répété plusieurs fois à l'un de ses amis cette belle parole de Racine : « Je crains Dieu, cher Abner,

et n'ai point d'autre crainte. » Muni de tous les secours
de la religion, il s'est endormi doucement dans le Seigneur, sans agonie, dans la plénitude de ses facultés in-
tellectuelles et le cœur rempli d'espérance.

Que de traits édifiants à raconter dans la vie si par-
faitement remplie de cet homme de bien ! Il a participé à
toutes les bonnes œuvres de son temps ; il compte
parmi les bienfaiteurs insignes de la nouvelle et gracieuse église gothique de Bellegarde [K].

Madame la vicomtesse de Chambost, sa fille, M. le vi-
comte de Chambost et ses enfants le pleurent. Il était
si bon père! Les pauvres pleurent en lui un consolateur,
et ses amis, le plus dévoué comme le plus fidèle des conseillers.

Il avait acquis une grande connaissance du cœur humain, de la faiblesse de l'homme et des choses de la vie.
Il lègue à sa famille un document précieux de sentences,
écrites sur le fait de ce qu'il a vu et éprouvé dans le
commerce des hommes. Ces maximes suffisent pour faire
comprendre tout ce qu'il y avait de fin, de délicat, d'esprit observateur dans cette intelligence élevée.

Il était épris de tout ce qui est beau. Il aimait pas-
sionnément la littérature et les arts. Il laisse quelques
mélodies religieuses dans le style de Haydn, dont il interprétait les quatuors avec une rare dextérité [L]. On

se rappelle avec quelle assiduité il lisait les Pères, saint Augustin, Bossuet, et avec quelle avidité il écoutait nos grands orateurs, Berryer, Lacordaire, etc., etc.

Pour nous, son souvenir sera toujours cher à notre cœur, et le regret que sa perte nous cause est à peine tempéré par la certitude qu'il est du nombre de ceux dont la mémoire est en bénédiction et le sort celui des élus.

Sit memoria illorum in benedictione. (Eccli., xLVI, 14.)
Et inter sanctos sors illorum. (Sap., x, 5.)

NOTES EXPLICATIVES

Note A. — Page 7

Jean-Marie-Adolphe-Marguerite Ranvier de Bellegarde.

Voir les registres de Saint-Paul. C'est rue Juiverie, 8 qu'est né M. de Bellegarde. La maison qui porte ce numéro appartenait à son oncle, M. Annet Ranvier de Bellegarde. M. Achard en est aujourd'hui le propriétaire.

C'est donc par erreur que l'on a prétendu que le nom de Ranvier de Bellegarde était un pseudonyme. Voici ce que nous trouvons à ce sujet dans le *Bulletin des Lois*, nº 204, art. 3860, page 192 :

« Ordonnance du roi qui permet : 1º au sieur Adolphe-Jean-Marie-Marguerite Roches de Bellegarde, juge au tribunal de première instance de Villefranche, né à Lyon le 12 juin 1789, de changer son nom de Roches de Bellegarde en celui de Ranvier de Bellegarde.

« Paris, le 11 avril 1818.

« *Le garde des sceaux :* PASQUIER. »

Ses aïeux paternels et maternels étaient restés fidèles à la royauté ; (Voy. Note C) et lui-même, en 1815, lors de la rentrée de Napoléon à Lyon, se trouvait en armes, rue de la Barre, pour la défense des droits de Louis XVIII, qu'il demanda à suivre en exil. Il obtint donc sans difficulté cette substitution. Quel motif le poussait à opérer ce changement de nom ? C'est sans doute le désir de conserver le nom illustre de sa mère, héritière de la seigneurie et du comté de Bellegarde, si renommés au dix-septième siècle.

Madame de la Baume d'Autun, veuve de messire Claude-Charles de Bron, ancien baron de Riverie, premier baron lyonnais, comte de la Liègue, seigneur de Bellegarde, avait comme héritière une hypothèque de 99,300 livres d'une part, et 500 d'autre sur la terre de Bellegarde. Elle les réclama à Balthazard Hérail de Pierrefort, ou Hérard de Pierrefeu (le nom est peu lisible), comte de la Roue, héritier bénéficiaire du dit seigneur comte de Bellegarde.

Le comte de la Roue, ne s'exécutant pas, fut exproprié au nom de Pierre de Lafond, procureur de madame de la Baume ; et la terre de Bellegarde, allouée au comte de Montchanin. Celui-ci substitua en son lieu et place Pierre de Vinols, seigneur de la Tourette, par les mains duquel sont entrés dans la famille Ranvier la seigneurie et le comté de Bellegarde.

Depuis cette époque, en effet, ce comté s'est toujours transmis du côté des femmes avec tous ses droits, par voie directe de succession. Des de Vinols, il a passé aux mains du comte Daübarède ; des Daubarède, aux Ranvier de Bellegarde et de ceux-ci aux Roches par les mains de la mère de M. de Bellegarde. Il y a quelques années, vérification a été faite de cette transmission directe par le garde des sceaux qui a reconnu que M. de Bellegarde, étant né avant 1795, pouvait prendre le titre de seigneur, comte de Bellegarde.

Pour donner une idée de ce qu'était à cette époque cette seigneurie, voici un extrait de l'acte d'expropriation :

« François de Lachaise, sénéchal de Lyon, etc., savoir faisons, etc. ., que la dite dame de la Baume, sa veuve (de M. de Bron), voulant être payée de ses droits et conventions matrimoniales, s'adressa plusieurs fois au sieur comte de la Roue, etc., etc., avec lequel elle passa transaction le vingt-septième du mois de novembre de l'année 1673, etc..., auquel, payement n'ayant été satisfait, après plusieurs autres commandements, fut, par le dit Louis, huissier, pris par exécution, saisi et arrêté, et mis sous la main du roi et de justice contre le dit sieur de la Roue, en la qualité d'héritier ; les châteaux, etc., plus la seigneurie de Bellegarde et la Liègue

avec toutes ses dépendances, laquelle consiste en la justice
haute, moyenne et basse, tant sur le village du dit Bellegarde,
château, etc., etc., et dépendances, que sur les villages de
Saint-André et Maringes; ytem les domaines dépendants de
la terre de Bellegarde, etc., etc. — Avons approuvé, ra-
tifié, confirmé et sur icelles interposées et interposons notre
autorité et décret judiciel au profit dudit de Montchanin, auquel comme plus offrant et dernier enchérisseur, bail, vente
et judicielle délivrance est faite en premier lieu, en second
lieu du château, terre, seigneurie de Bellegarde et de la Liègue,
appartenances et dépendances, en quoi que le tout consiste et
tout ainsi que le dit défunt, messire Claude-Charles de Bron
en a joui ou pu jouir, avec tout droit de justice haute, moyenne
et basse, à la charge d'une pension de quatre sols pour chaque
prêtre du dit Bellegarde qui célébreront des messes le jour
de la Saint-Denis, dans la chapelle de Notre-Dame des For-
ges [1] et encore d'une pension, montant à trois livres, aux
Cordeliers de Sainte-Colombe, et cinq sols par an au curé et
sacristain du dit lieu de Bellegarde...

« Et le même jour au greffe est comparu le dit messire de
Montchanin, adjudicataire susdit, lequel a élu en ami et su-
brogé en son lieu et place, Pierre de Vinols, écuyer, seigneur
de la Tourette, ci-présent, qui a accepté la dite élection en
ami pour la remise qui lui a été faite de la terre, seigneurie
de Bellegarde, de la Liègue et dépendances, et tout ainsi
qu'en jouissait feu M. le comte, etc., etc.

« Fait à Lyon, par jugement, par nous, MATTHIEU DE SÈVE,
baron de Fléchères, seigneur de Saint-André-du-Coing, Limo-
nest »

« Quelques témoins : Messires Jean Morand, prêtre, curé de
Saint-Pierre-le-Vieux, à Lyon, Étienne Balarin de Fou-
dras, seigneur de Rontallon, Jean-Baptiste Portier, prieur
de Bellegarde, Pierre de la Baume, seigneur de Chaudouble,
Philippe Beaujolin, prêtre, curé de Riverie, Jean-Pierre Bé-
raud, prêtre, curé du dit Bellegarde, Réné de la Motte, che-

[1] C'est de là qu'est venu le nom de Farge que l'on donne aujourd'hui à la
deuxième partie du bourg de Bellegarde.

valier, comte de Bron, Louis Chaume, prêtre, curé de Maringes, les RR. PP. Gardiens et Religieux Cordeliers du cou-
vent de Sainte-Colombe-les-Vienne, etc., etc., etc.

« Je soussigné, commis à la caisse des consignations, recon-
nais que Pierre de Vinols, chevalier et seigneur de Bellegarde,
de la Liègue et autres lieux, a consigné en mes mains la
somme de de huitante-trois mille quarante-neuf livres, pour
le prix de l'adjudication faite en son profit de la comté
et seigneurie de Bellegarde et la Liègue avec leurs appartenances et dépendances, conformément à l'adjudication.

« À Lyon, le 17ᵉ Mai 1680.

> « *Signé :* Pillote.
> « *Contrôlé à Lyon, ce 6 juillet 1680 :* Jacquemin.
> « *Scellé le 6 mai 1680 :* Jacquemin.
> « *Collationné :* Gauthier. »

Note B. — Page 8.

*Il était du petit nombre de ceux qui voulaient suivre Charles X
dans son exil.*

Il allait donner sa démission, lorsque sa famille, ses amis,
ceux-mêmes du roi, lui assurèrent que le désir formel de
Charles X était que la magistrature restât à son poste. Il per-
sistait néanmoins dans son dessein, lorsqu'enfin, sur les solli-
citations pressantes de madame de Bellegarde, il consentit à s'en
rapporter à la décision de l'archevêque de Lyon. Monseigneur
lui confirma la volonté du souverain, lui rappela la grandeur,
l'excellence de la mission confiée au magistrat et le pria d'abandonner son projet. Il se rendit à cet avis, mais avec l'intention
bien arrêtée de ne jamais, à l'avenir, sous aucun prétexte, sa-
crifier à ses convictions. C'est ce qui explique pourquoi il a,
différentes fois, décliné les offres qui lui étaient faites, et refusé une place de président ou de conseiller à la Cour de Paris.
Il a également refusé les distinctions de chevalier de la Lé-
gion d'honneur, etc., et, à l'époque de sa retraite, le titre de
conseiller honoraire.

Tous ceux qui l'ont connu, à quelque opinion politique qu'ils
aient appartenu, ont rendu justice à la fermeté de ses con-

victions. M. Devienne lui-même, alors procureur général à la Cour de Lyon, dit dans un discours prononcé en 1857 pour la rentrée du tribunal :

« Nous avons perdu M. de Bellegarde, juge au tribunal de première instance ; ce magistrat n'a pas voulu sortir de cette position modeste, afin de rester fidèle à ses convictions politiques. »

En prenant soin de transcrire ces paroles, M. de Bellegarde les a fait suivre d'une de ses maximes favorites : « Il faut mériter cette épitaphe : Dans la vie publique comme dans la vie privée, il fut toujours fidèle à ses engagements. »

Note C. Page 8.

La Convention fit tomber la tête de son père.

C'est sur la place des Terreaux que M. Roches de Bellegarde, son père, fut exécuté. Il était un des juges qui venaient de condamner Chalier. Lorsqu'on le conduisait au supplice par représailles, il put glisser à l'un de ses amis un billet écrit au crayon et portant l'adresse de son épouse. Cet écrit est conservé avec la plus grande piété filiale dans un portefeuille en soie blanche fleurdelisée. Il est ainsi conçu : « Mon sacrifice est fait ; j'ai reçu l'absolution ; j'espère que Dieu m'a pardonné ; j'ai dit mon *Miserere;* je recommande à Dieu ma femme et mes enfants... »

Depuis, toutes les fois que celui dont nous déplorons la perte se trouvait obligé de traverser les Terreaux, il se découvrait respectueusement, coupait court à toute conversation, et priait tête baissée, dans la plus grande prostration. Néanmoins, parlant de la soumission à la volonté de Dieu, il écrit ces paroles : « Voyez comme les événements les plus terribles ont quelquefois des conséquences auxquelles on ne pouvait s'attendre ! Mon père est mort sous le fer révolutionnaire, il y a plus de soixante ans. Cette catastrophe épouvantable a jeté son enfant dans une autre voie que celle qu'il aurait suivie sans cet horrible événement. Eh bien, cet enfant a rencontré dans cette voie la femme la plus pieuse et la plus parfaite, et il a été associé à un ange pendant l'espace de trente-trois années, etc., etc. »

Voici, au sujet de son père, ce que nous trouvons :

1° Dans un ouvrage révolutionnaire intitulé : *Liste générale des contre-révolutionnaires mis à mort à Commune Affranchie depuis le 21 vendémiaire jusqu'au 27 germinal de l'an II de la République. A Commune Affranchie, chez le citoyen Destéfanis, imprimeur aux Halles de la Grenette, l'an II de la République,* page 108, à 1° :

« Roches Jean-Baptiste-Marie, homme de loi, ci-devant président du tribunal de district de la campagne de Lyon, officier municipal provisoire. » — Le texte même du jugement prononcé par la Convention contre le père de M. de Bellegarde est entre les mains de sa famille. M. Vacher avocat à la Cour de Lyon, doit en parler dans un ouvrage qu'il prépare.

2° Dans une notice individuelle : *Cour d'appel, Ministère de la justice,* à 4° : état ou profession de son père : « Président du tribunal de district, juge au tribunal criminel de Lyon, mort révolutionnairement. »

Nous dirons aussi, à cette occasion, que la Révolution a fait subir le même sort à deux autres membres de sa famille : elle a mis à mort son grand-père et son oncle maternels ; c'est un fait bien connu à Lyon. En voici d'ailleurs la preuve : dans cette même *Liste générale,* page 102, se trouvent effectivement au nombre des exécutés :

« 1° Ranvier François, de 64 ans, natif de Lyon, demeurant à Fontaines, département du Rhône, ancien lieutenant d'infanterie, ex-noble (c'est son oncle maternel) ;

« 2° Ranvier Jean-Marie, dit Bellegarde, de 65 ans, natif de Lyon, demeurant place de la Fédération, ci-devant conseiller en la Monnoie, ex-noble (c'est son grand-père maternel). »

Note D. — Page 8.

Pendant quinze jours, il ne voulut jamais prêter son concours à la politique de Louis Philippe.

Il ne voulut jamais se rendre à une réunion politique tenue chez le préfet de Lyon. Il fallut pour ainsi dire le sommer au noïn de son devoir pour qu'il se rendît au tribunal. « — On veut faire couler le sang, » disait-il au président et à tous ceux qui le sollicitaient. Ce fait et ceux qui suivent, il nous les a plusieurs fois racontés avec les plus amples détails ; nous les avons aussi trouvés relatés sommairement dans ses mémoires.

Donnons-lui la parole : « En 1834, j'étais à la police correctionnelle avec M. le président Pic. Le tribunal avait à juger une douzaine d'ouvriers, signalés comme les chefs d'une association dite de *Mutuellistes* ou *Ferrandiniers*. Ces Ferrandiniers s'étaient, disait-on, réunis aux sociétés secrètes, et, comme ces dernières, voulaient renverser le gouvernement. L'affaire de ces douze ouvriers causait beaucoup d'agitation dans la ville ; on assurait que la condamnation des accusés amènerait une lutte entre la troupe et les ouvriers.

« Pour éviter un conflit sanglant, qui était à redouter, le tribunal avait plusieurs fois renvoyé l'affaire. Cependant l'autorité, qui avait pris ses mesures et qui était appuyée par une immense force militaire, désirait que la justice prononçât.

« Comme j'avais manifesté le désir que l'affaire fût renvoyée à une époque un peu éloignée, le président me dit un jour qu'il avait été convenu que le tribunal se rendrait à la préfecture, afin de délibérer sur le parti qu'il y avait à prendre. Je répondis à M. Pic que je refusais formellement d'aller à la préfecture ; que ce n'était pas là, mais au tribunal, qu'il fallait délibérer sur les jugements à rendre.

« Quelques jours après, le président m'engagea à aller avec lui, non plus chez le préfet, mais chez le procureur général, qui devait rester étranger à nos délibérations. M. Pic me dit alors : « Cette affaire me cause beaucoup d'ennuis ; je serais « bien aise que tout le monde fût d'accord sur le parti à « prendre ; je vous demande, mon cher collègue, au nom de « notre ancienne amitié, de vous rendre avec moi chez le « procureur général ; vous m'obligerez personnellement. » — Je n'eus plus la force de lui refuser.

« Lorsque nous fûmes réunis chez le procureur général, ce magistrat nous dit qu'il importait essentiellement qu'un jugement fût immédiatement rendu dans cette affaire : que toutes les mesures étaient prises, et que les membres du tribunal ne courraient aucun danger. Je répondis que, si je désirais que l'affaire fût renvoyée, c'était parce que je craignais que le jugement n'amenât une collision ; qu'une lutte serait un grand malheur pour notre ville ; que, quant au danger dont il avait parlé pour nos personnes, je n'en craignais aucun. Il fut donc décidé, *malgré mes observations*, que l'affaire serait jugée à la première audience.

« Cependant le désir que j'avais manifesté, que l'affaire fût renvoyée, inspira de l'inquiétude à l'autorité ; l'on craignit qu'au jour de l'audience je ne me rendisse pas au Palais, ce qui aurait forcé le président à renvoyer la cause.

« L'on envoya auprès de moi un magistrat de la Cour qui avait été mon collègue au tribunal. Il me tint le langage suivant : « — Je vais vous parler franchement ; l'autorité veut « que les ouvriers soient jugés de suite ; mais, à cause de la « répugnance que vous avez montrée, l'on craint que vous ne « vous rendiez pas à l'audience. Si vous donnez votre parole « que vous irez au Palais pour le jugement de l'affaire, cela « suffit ; tout le monde est bien persuadé que vous ne man- « querez pas à l'engagement pris: » Je répondis : « — Comme magistrat mon devoir est de me rendre à l'audience, et je m'y rendrais, à moins que sur mon passage, et dans l'intervalle qui sépare mon domicile du Palais de justice, je ne rencontre un obstacle sur mon chemin. »

En toutes circonstances, il affirmait ses convictions avec la même liberté. Après l'attentat de Fieschi (juillet 1835), à Lyon, les différents corps de l'État furent réunis à la préfecture, pour formuler une adresse des plus flatteuses au souverain, afin de lui exprimer combien ils se trouvaient heureux de voir que la Providence l'avait conservé à la nation. Le procureur était là, interpellant l'un après l'autre les assistants, les sollicitant d'apposer leurs signatures. Le premier interrogé s'empresse d'adhérer à cette proposition ; le second fait de même, et ainsi de suite, jusqu'à M. de Bellegarde. Alors la scène change de face. Celui-ci répond par un refus : « — Non, monsieur, s'écrie-t-il hardiment. J'abhorre l'assassinat, je le déteste par-dessus tout ; mais je ne puis souscrire à toutes vos propositions. » Une surprise générale s'en suivit, et grand fut le désappointement de l'interrogateur.

Sous le gouvernement actuel, une année, par suite de l'indisposition de madame de Bellegarde, il ne put se rendre à Lyon, ni pour la rentrée du tribunal, ni pour la séance subséquente. Il fut par le fait taxé de récalcitrant. Pour le rappeler à l'exactitude, on lui retint sur ses appointements la somme correspondante à quinze jours d'absence. Il crut à une mystification. Mettant de côté la question pécuniaire, son amour de la justice lui fit porter ses plaintes à Paris ; elles restèrent sans effet. Mais il ne se tint pas pour battu ; il envoya alors au Ministère un réquisitoire de la plus grande énergie. Ses amis, ses collègues même, prévoyant quelque funeste résultat, l'arrêtèrent dans ses démarches. Dans la suite, en témoignage de la haute estime qu'ils professaient pour sa courageuse loyauté, ils lui disaient plaisamment : « — Pour vous, un vaut quinze [1]. »

Note E. — Page 8.

En dépit de ses efforts l'orage éclata.

Voici son récit, écrit succinctement comme nous l'avons dit. Tous les autres détails que nous donnons, nous les tenons de la bouche même de M. de Bellegarde. Il nous les a garantis sur l'opposition formelle que nous lui avons faite. « — C'était, nous disait-il, pour mémoire que j'avais tracé cet incident de ma vie ; je n'ai jamais prétendu m'ériger en historien. » La scène que nous racontons s'être passée au tribunal, le dialogue que nous rapportons, etc., sont en tous points conformes à la vérité.

« Le jour fixé pour l'audience, je sortis de chez moi à l'heure accoutumée. Lorsque j'eus traversé le pont de l'Archevêché, je vis des groupes nombreux, ce qui annonçait une grande agitation ; mais l'on circulait librement, et je pus arriver sur la place Saint-Jean (le petit Collége servait à cette époque de Palais de justice). Je remarquai alors qu'on avait placé des soldats dans le clocher ; je remarquai également que

---

[1] Nous sommes ici fidèle narrateur ; mais nous tenons à déclarer que notre intention n'est pas de faire une profession de foi politique.

l'un des deux battants du portail du Palais était fermé et que des agents de police se tenaient à l'entrée de la cour. Après en avoir franchi le seuil, je vis dans la cour du Palais, et l'occupant presque entièrement, un grand nombre de soldats sous les armes. Lorsque l'audience commença, voici ce que l'on pouvait remarquer : il y avait dans la salle les douze accusés, des avocats, des soldats, des gendarmes, des agents de police, et pas une seule personne étrangère pour assister aux débats

« L'affaire fut commencée. Le président donna ensuite la parole à M. Jules Favre. Cet avocat parlait depuis environ un quart d'heure, lorsque nous entendîmes le bruit d'une arme à feu ; il se manifesta alors dans l'audience un mouvement de crainte bien prononcé ; l'un des prévenus, s'adressant au président, lui demanda si leur vie était en sûreté. Le président répondit que le tribunal prenait tous les accusés sous sa protection, et qu'il n'arriverait rien à chacun d'eux.

« Cependant l'on apporte bientôt sur un brancard un agent de police qui avait une balle dans le corps, et il fut déposé, mourant, dans la chambre du conseil. Dans cet instant, le bruit de la fusillade se fit entendre, et l'on annonça que, sur plusieurs points, le combat était engagé.

« Au milieu de l'anxiété causée par cet état de trouble et de guerre, l'audience restait suspendue ; les magistrats, les avocats et presque tous les accusés sortirent du Palais et allèrent se réunir à leur famille ; je restais ainsi seul dans la salle d'audience avec trois des accusés, qui me déclarèrent que le tribunal les avait pris sous sa protection et qu'ils espéraient que je ne me séparerais pas d'eux. Je le leur promis. »

A la vue du danger qu'il courait, trois pensées s'emparèrent de son esprit. Il éleva d'abord son cœur à Dieu ; puis, après avoir prié pour son épouse dont il comprenait la terrible anxiété, il prit la résolution d'accomplir son devoir avec impassibilité, au prix du plus généreux sacrifice, de celui de sa vie même. La magistrature lui fut reconnaissante de cet acte de noble dévouement ; elle le félicita publiquement quelques jours après, et M. Delandine, cet homme, comme dit M. de Bellegarde, qui pouvait servir de modèle aux magistrats, lui tint ce langage : « — Votre conduite, mon cher collègue, a été très-honorable ; bien des gens à qui l'on a donné la croix d'honneur ne l'ont pas méritée comme vous. »

Note F. — Page 9.

Il les conduisit à son domicile de la rue Vaubecour, où il les combla d'attentions.

« A trois ou quatre heures de l'après-midi, un agent de police se présente à moi ; il me dit que, dans ce moment, et malgré les coups de fusils que l'on entendait, il n'y avait aucun danger à sortir du Palais, et qu'il allait m'accompagner jusqu'à mon domicile. Je fis part aux trois accusés de ce que je venais d'apprendre, et je leur dis que je ne pouvais rester plus longtemps au Palais ; que ma femme, qui était souffrante, devait éprouver une cruelle inquiétude ; qu'il fallait nécessairement que je me rendisse auprès d'elle ; que je leur avais promis de ne pas les abandonner, et que je remplissais mon engagement en leur offrant de me suivre, si cela leur convenait. Les trois accusés me répondirent tous au même instant que, quoi qu'il arrivât, ils ne me quittaient pas, et qu'ils étaient prêts à me suivre.

« Je revins donc chez moi, dans la rue Vaubecour, escorté par un agent de police et suivi par trois des accusés. Je fis promettre à ces trois hommes de ne pas sortir de chez moi avant que le calme n'eût été rétabli. Je leur dis que, s'ils quittaient mon domicile, l'on ne manquerait pas, lorsque la révolte aurait été comprimée, de les poursuivre et de les accuser de s'être placés à la tête des combattants ; que leur position deviendrait ainsi très-critique. »

M. de Bellegarde refusa les offres d'une escorte. Néanmoins, l'administration crut devoir ne pas complétement obtempérer à ses désirs. Un agent de la force publique reçut ordre de l'accompagner. On le comprend, c'était, dans de telles circonstances, un bien faible secours. Quoi qu'il en soit, chemin faisant, après dix heures d'attente anxieuse au tribunal, au bruit sourd de la fusillade et du sifflement des balles sur leurs têtes, le sergent inculpé poussa cette exclamation : « — On égorge nos frères! » puis, genoux à terre, il ajouta : « — Délivrez-moi de ma parole. » Pour toute réponse, le courageux magistrat le saisit au collet : « — Où est votre honneur? Suivez-moi, » lui dit-il. Le lendemain, même scène se renouvelle, 1, rue Vaubecour, nous a-t-il assuré.

Note G. — Page 9.

Pendant que la police s'évertuait en vain, etc.

« En effet, lorsque les troubles furent apaisés, dit-il, j'allais auprès des magistrats chargés de l'instruction ; j'affirmais que ces trois individus, que j'avais gardés pendant tout le temps de la lutte, c'est-à-dire pendant trois jours, étaient restés constamment dans mon domicile.

« J'engageais ensuite ces trois ouvriers à se présenter devant le magistrat instructeur; ils suivirent mon conseil et évitèrent ainsi d'être compris dans la poursuite qui eut lieu devant la Cour des pairs. »

Ce que ne dit pas M. de Bellegarde, c'est qu'après avoir pris toutes ces mesures et donné tous ces conseils, il les conduisit lui-même au tribunal, où il leur servit d'avocat ; il répondit avec tant d'énergie à ses adversaires, et accentua si fortement ces paroles : « Je réponds de leur conduite sur mon honneur ; ces messieurs n'ont pas quitté mon domicile, » qu'au plus profond silence succéda seul ce cri unanime : « Acquittés, acquittés. »

Quant aux moyens de subsistance, sa tâche ne fut pas des plus difficiles pour deux d'entre eux qui étaient ouvriers ordinaires; mais, pour le sergent, il fallait lui procurer un emploi en rapport avec son instruction, ses goûts et ses opinions. Il ne put lui faire accepter même transitoirement la place de commissaire de police. Au lieu de le blâmer de ce refus, M. de Bellegarde lui serra la main et lui ouvrit sa bourse jusqu'à ce qu'enfin il lui eut procuré ce qu'il désirait... « J'étais loin de partager les vues de mon protégé, disait-il en nous racontant le fait ; mais j'avais distingué dans ses actes, dans ses paroles, une franchise, une conviction, malheureusement peu communes, qui m'ont toujours plu, même dans mes adversaires. »

Il poursuit son récit : « Ces trois individus sont ensuite venus chez moi, accompagnés de leurs femmes. Ils m'ont dit que je leur avais rendu un grand service ; que, si je ne les avais pas recueillis, ils seraient allés se placer tout naturellement à la tête des révoltés. »

Note H. – Page 9

C'est ainsi que dans toutes les circonstances de sa vie. il s'est plu à rendre service à tous.

Pour lui, c'était vertu héréditaire. Son père lui avait laissé une place d'incurable à la Charité. Les pauvres seuls l'ont occupée.

Il n'a jamais intenté de procès à ses locataires, même quand, par leur faute, ceux-ci ne tenaient pas leurs engagements ; il se contentait de les congédier en les livrant à leur conscience.

Nous l'avons assisté, à l'époque du premier jour de l'an, dans sa distribution à domicile de pièces de deux francs aux infirmes malheureux. C'est à remplir cet office que l'on pouvait juger de sa gaieté, de sa courtoisie et surtout de la bonté de son cœur. On le voit, il ne s'était pas contenté d'écrire ce qui suit : « On achète le Ciel au prix de la foi et de l'aumône. Les richesses peuvent bien nous précéder dans la demeure céleste, mais elles ne peuvent nous y suivre. Faisons donc du bien, beaucoup de bien pendant les quelques jours que nous avons à passer sur la terre, et tâchons de compléter la gerbe avec laquelle on entre dans l'éternité.

« Ma Bathilde disait : «—Il faut non-seulement donner aux « pauvres, mais il faut aussi les visiter et les consoler. » Suivons son exemple, et, comme elle, nous recevrons la récompense que Dieu a promise aux miséricordieux. »

Depuis 1861 au moins, où il a écrit ce qui précède, il employait en bonnes œuvres la majeure partie de ses revenus.

Il se chargeait avec un bonheur indicible et un empressement sans égal de toute cause juste, surtout de celle du faible, et son ardente activité la conduisait promptement à bonne fin.

Il était toujours prêt à combattre l'injustice; le jour, la nuit, il feuilletait les jurisconsultes, prenant des notes, sondant sa conscience, s'éclairant ensuite auprès des hommes de loi les plus intègres et des théologiens les plus solides. Il agissait ainsi dans les causes épineuses, soit qu'il plaidât pour lui-même, soit qu'il le fît pour autrui. C'est là un fait que nous nous sommes mis en mesure de prouver à l'occasion.

Toutes les fois qu'il rencontrait le vrai repentir dans un coupable, celui-ci était assuré de sa protection dans tout ce qui ne pouvait en rien blesser la justice individuelle. Dans les circonstances où il lui était impossible d'améliorer le sort de son client, il se montrait toujours compatissant envers lui.

Un de ceux qui, au Bois-d'Oing, attentèrent à la vie de M. Fornas, beau-père du célèbre Elleviou, avec lequel M. de Bellegarde aimait à s'entretenir sur la musique et les arts, un de ses assassins, disons-nous, le meunier, était sur le point de subir la peine capitale. Avant d'aller au supplice, il demanda et obtint la permission de s'ouvrir intimement au juge dont il avait reçu et admiré les bons procédés. Son désir accompli, il eut beau répéter à M. de Bellegarde : « — Monsieur, mes communications sont terminées, » ce noble magistrat, muet de pitié, ne lui dit jamais de se retirer, dans la pensée de lui conserver encore quelques instants de vie. Les gendarmes, depuis longtemps impatients, furent contraints de franchir les bornes de l'honnêteté pour intimer à leur patient l'ordre de les suivre.

Note I. — Page 9.

Depuis longtemps il avait dit adieu à tout ce qui est préoccupation du monde.

On peut en juger par son règlement de vie :

1° Lever, à quatre heures et demie en été, à cinq heures en hiver. Prière du matin.

« La prière élève l'âme, dit-il; elle nous rend capables de grandes choses; l'homme, au contraire, qui ne prie pas descend bientôt au niveau de la brute. »

2º Demi-heure avant la messe paroissiale, il allait au cimetière, l'été comme l'hiver, quelque temps qu'il fît, prier sur la tombe de son épouse, née à Claveisolles, Bathilde Berger du Sablon, âme élevée, chevaleresque comme son père, ancien officier et chevalier de Saint-Louis, et dévouée comme sa sœur Joséphine, fondatrice des Religieuses de l'Enfant-Jésus.

Nous l'avons vu à l'œuvre ; il n'a jamais manqué à cette pratique. Voici, du reste, ce que nous trouvons dans ses écrits : « Chaque matin, je m'achemine vers la tombe de ma Bathilde ; là, je prie le Père des miséricordes de me faire voir un jour, dans le Ciel, celle qui a été mon épouse sur la terre. Seigneur, accordez-moi la résignation, et rendez-moi le repos et la paix que j'ai perdus ; faites, ô mon Dieu, que le peu de jours qui me restent à passer sur la terre soient employés dans la stricte observance de tous vos commandements ; faites que, comme elle, je sois doux et patient ; faites que je vienne au secours des malheureux ; faites que, comme elle, je vous aime toujours avec ardeur ; faites enfin qu'à mes derniers moments, j'abandonne avec joie toutes les choses de la terre, pour aller me reposer dans votre sein, et jouir des ineffables délices promises à ceux qui vous auront servi avec amour. »

PRIÈRES A DIRE SUR SA TOMBE :

1º Cinq *Pater* et cinq *Ave.* Nous vous supplions, Seigneur, etc.

2º Trois *Pater* et trois *Ave,* avec le *Gloria.*

3º *Miserere* et *De Profundis.*

« — Que deviendra mon pauvre mari ? » avait, à sa dernière heure, laissé échapper de sa voix expirante, madame de Bellegarde. Cette parole était restée, comme un trait, profondément gravée dans l'âme de son noble époux. Bientôt il écrivait : « Il pense à son bonheur passé. Chaque matin, il va te visiter à ta dernière demeure, sur la terre qui te couvre ; là, il prie pour toi. » Et plus tard : « Il renoncera aux distractions qu'offre le monde, il vivra dans la solitude.

« Ce matin, à quatre heures et demie, le cimetière était entièrement couvert d'une couche de neige ; cette couleur de linceul ajoutait encore aux pensées tristes de mon âme. »

3° Du cimetière, il se rendait à l'église pour entendre deux messes consécutives.

4° Après les messes, déjeuner très-frugal : un potage et deux œufs le plus souvent.

5° Vers onze heures, lecture spirituelle : Imitation, saint Augustin, Bossuet, etc., etc.

Bossuet, saint Augustin, en effet, faisaient ses délices. Il lisait jusqu'à cinq fois de suite leurs œuvres ascétiques, même après en avoir écrit l'analyse. « — Quel aliment à la piété, nous disait-il souvent, se trouve renfermé dans les *Oraisons funèbres*, les *Élévations*, les *Confessions*, les *Veilles* et même dans la *Cité de Dieu!* La littérature profane m'a charmé par des peintures enivrantes, mais l'Ecriture, mais les livres des saints, l'*Imitation*, etc., m'ont appris le néant des choses humaines dont la séduction parfois a failli m'arracher pour toujours à la voie droite qui conduit au salut... O biens éternels! que votre pensée seule remplisse mon cœur. Vains fantômes du monde, disparaissez! vous m'avez toujours abreuvé d'amertume. »

On comprend l'assiduité avec laquelle il écoutait nos grands orateurs chrétiens. Frayssinous, Marc-Carty, avaient affermi ses convictions; Lacordaire, Cœur, lui rendaient la pratique de ses devoirs plus facile; Combalot, de Ravignan, portaient la componction dans son cœur. «—Quel plaisir ils m'ont procuré, disait-il; que je leur suis reconnaissant! »

6° Vers une heure et demie, récitation du chapelet au pied d'un crucifix, dans la chambre où la mort a frappé son épouse. Sous ses yeux se trouvait écrite cette sentence : *Beati qui lugent quoniam consolabuntur*. Bienheureux ceux qui pleurent, parce qu'ils seront consolés.

7° A quatre ou cinq heures, suivant la saison, dîner, qui consistait toujours en trois plats des plus modestes.

8° Demi-heure avant l'*Angelus*, visite au Saint Sacrement, de vingt à trente minutes.

9° Tous les mois, à jour fixe, le 18, date de la sépulture de madame de Bellegarde, il s'approchait de la divine Eucharistie.

Toutes les fois enfin qu'il y avait un office public à l'église, on était assuré de sa présence. Le reste du temps, il l'employait à ses différentes occupations.

C'est en suivant à la lettre ce règlement qu'il s'était imposé, que M. de Bellegarde a pu surmonter les luttes terribles auxquelles, dans ses secrets desseins, la divine Providence l'avait assujetti. Comme toutes les âmes douées des qualités les plus exquises de l'esprit et du cœur, Dieu l'avait soumis à de rudes épreuves. Lui, si courageux dans toutes les autres circonstances de la vie, se sentait fléchir sous le poids des attaques multipliées de la chair contre l'esprit. C'est au sortir d'un de ces redoutables assauts, qu'il a tracé d'une main victorieuse ce qui suit :

« Nous passons à travers ce monde pour aller au Ciel, notre patrie. Pendant le court séjour que nous faisons sur la terre, une lutte incessante s'établit entre l'esprit et le corps. L'esprit nous pousse vers tout ce qui est bien, tout ce qui plaît à Dieu ; le corps, vers tout ce qui est mal, vers tout ce qui est contraire à la loi de Dieu...

« Ayons la ferme volonté de n'écouter que l'esprit : traitons notre corps avec rigueur, et ne lui accordons que ce qui est nécessaire ; pensons toujours que la chair est l'ennemie que nous avons à vaincre, et qu'elle s'oppose de toutes ses forces à notre salut ; songeons que les luttes que nous avons à soutenir dureront peu, et que notre victoire sera récompensée par une éternité de bonheur...

« Lorsque nous sommes tentés de faire le mal et de donner satisfaction à notre corps au préjudice de notre âme, rappelons-nous que notre corps, comme celui des autres animaux, n'est que de l'herbe, et que bientôt il ne sera que pourriture ; rappelons-nous que notre âme, au contraire, est une émanation de la divinité et qu'elle est appelée à régner un jour dans le Ciel. »

Note J. — Page 10.

La mort l'a trouvé ferme et résolu.

Dès 1861, il avait tracé ces paroles : « Nous n'avons pas été créés pour ce monde, et c'est la mort qui nous fait arriver au but que nous devons atteindre ; donc, loin de la redouter,

nous devrions lui dire, lorsqu'elle se présente à nous : Sois
la bienvenue. »

Le 2 juin 1869, il traçait ces autres : « Lorsque nous allons
quitter la terre, nous apprécions à leur juste valeur et les
richesses, et les honneurs, et les jouissances que donne le
monde. Nous voyons alors qu'ici-bas tout est trouble, agitation, et que le bonheur que nous avons vainement cherché ne
se trouve qu'auprès de celui qui a tout créé.

« Je suis malade, et n'ai pu ce matin entendre la messe ;
j'ai bien souffert ces jours derniers ; le Seigneur a retiré ce qui
faisait toujours ma consolation. Je suis soumis à sa sainte
volonté. »

Le 8, il écrivait : « A certains maux qui nous affligent en
ce monde, il n'y a point de consolation, et cependant nous ne
devons pas nous laisser aller au découragement : après la vie
d'ici-bas vient la vie du Ciel. »

Plus tard enfin, il confiait au papier ses dernières impres-
sions : « Que sont toutes les douleurs de ce monde, puisque,
dans quelques jours, elles seront passées pour nous ; suppor-
tons-les avec résignation, en pensant que nous serons bientôt
dédommagés par une éternité de bonheur. J'ai espéré en vous,
ô Seigneur ; je ne serai point confondu. *In te Domine, spe-
ravi, non confundar in æternum.*

« Je n'ai rien à redouter, parce que vous êtes avec moi.
Non timeo mala quoniam tu mecum es.

« Celui qui mange ma chair et boit mon sang a la vie éter-
nelle, et je le ressusciterai au dernier jour. *Qui manducat
meam carnem et bibit meum sanguinem habet vitam æter-
nam et ego ressuscitabo eum in novissimo die.*

« Vivons de manière à pouvoir dire à nos derniers moments : Seigneur, je remets mon âme entre vos mains. *In ma-
nus tuas, Pater, commendo spiritum meum.* »

Note K. — Page 11.

*Il compte parmi les bienfaiteurs insignes de la nouvelle et gracieuse
église de Bellegarde.*

Les autres principaux bienfaiteurs de cette église sont :
M. Durand, conseiller à la Cour de Lyon ; M. Philipon père, et

ses enfants ; M. Blanc et ses enfants ; M. l'abbé de La plagne ; mesdemoiselles Meillier ; madame Laplaigne.

La première pierre en a été posée en mai 1866, par un de ses bienfaiteurs, enfant de la paroisse, M. Blanc, curé de Bessenay.

Ont signé le procès-verbal placé dans la première colonne du chœur, servant d'appui à l'arceau du transept gauche : MM. Fillon, curé de la paroisse ; Clairet, vicaire ; Blanc, curé de Bessenay ; Philippon (Joseph-Camille), maire, et ses fils François et Jean-Marie ; Ranvier de Bellegarde, ainsi que les autres conseillers et fabriciens. Cette église a été bénite par M. Pagnon, vicaire général, le dimanche de la fête de saint Pierre, 1868. M. de Bellegarde en éprouva la plus grande joie.

Dans l'abside, se trouvent les armoiries de S. Ém. le cardinal de Bonald. Dans le transept, au milieu, on remarque les insignes de la décoration de M. Philipon, maire.

Dans la chapelle, à droite, sont apposées les armoiries de madame de Bellegarde, dans lesquelles on aperçoit, en tête, un soleil, fond d'azur, au chevron d'or, accompagné en pointe d'un lion. Les supports omis sont deux lévriers, emblèmes de la fidélité ; à gauche, se trouvent celles de M. Ranvier de Bellegarde ; on y remarque, sur un fond d'azur, un croissant d'argent surmonté d'une étoile. Les supports sont deux lions.

Note L. — Page 11.

Il laisse quelques mélodies religieuses.

La première fois qu'il prit l'archet en main, son professeur fut stupéfait. Celui-ci remarqua en son élève un artiste d'un grand avenir. Tout dans le nouveau virtuose était absorbé ; tout dénotait ce sentiment exquis que la nature départit à ses rares favoris. Il fit des progrès si rapides qu'en moins d'un an il interprétait avec une rare dextérité les quatuors de Haydn. Dix ans plus tard, il fallait l'entendre ! La harpe résonnait sous l'agilité de ses doigts, et douze heures d'exercice au violoncelle semblaient ne lui imprimer aucune fatigue. Son maître était donc loin de soupçonner en lui la gravité du magistrat intègre, la vigoureuse fermeté de l'homme aux convictions inébranlables, le solitaire qui devait, au bout de sa carrière sociale, s'occuper uniquement de pensées éternelles avec la régularité du cénobite le plus fervent. Néanmoins, ses premiers goûts ont fait les délices de ses dernières années. Il a mis de nouveau la main à l'œuvre pour la composition de chants religieux : une de ses plus grandes jouissances était de les entendre exécuter dans l'église de Bellegarde.

'Par une coïncidence singulière, il est mort le 17 septembre, jour où chaque mois il ne manquait jamais de sonder sa conscience pour se préparer à la réception de la divine Eucharistie ; ses funérailles ont eu lieu un dimanche, comme celles de M. Philipon et de M. Blanc, au milieu du concours de la population et d'une foule de personnes de haut rang, accourues de loin pour lui rendre un dernier hommage. Enfin son âme, si elle se fût trouvée encore sur la terre, se serait envolée au Ciel sur des flots d'harmonie : l'orgue, pour la première fois, se faisait entendre dans notre église à l'occasion de pompes funèbres.

FIN